KAPITEL

Kapitel 1

Intro

Har du motivationen?

Vill du skapa ditt liv och samtidigt inspirera andra?

Den här boken handlar om att hitta din unika väg bort från bekymmer och komplikationer och in i ett liv där du styr riktningen. Kanske låter det klyschigt, men vi lever bara en gång, så varför inte LEVA fullt ut?

När vi föds är vi som en liten, ovetande klump (jag råkade använda det uttrycket på BVC en gång och blev ifrågasatt, men jag står fast vid det!) från den stunden formas vi av livet och våra förutsättningar.

När Fegheten Kommer i Vägen

Ibland är det så här – när vi som mest behöver vår egen styrka att agera, dyker våra största tvivel upp. Jag vet exakt hur det känns när fegheten får styra och när spökena i huvudet inte vill tro på den vi verkligen är.

Så var det för mig. Jag började skriva på den här boken för fem år sedan. Under en period när jag mådde bättre och var på väg att göra förändringar, inspirera andra, och dela med mig av min resa mot hälsa och balans. Men någonstans på vägen tog tvivlen över, och boken blev liggande på min dator, hemlig och undangömd. En bok som skulle ha kunnat hjälpa många under dessa år men som förblev oskriven och oavslutad i mitt sinne.

Nu, när tiden har gått, och livet har bjudit på sina utmaningar, en lång sjukskrivning efter en operation för diskbrock har jag tagit upp boken igen. Då insåg jag faktiskt att jag kunde använda den här boken för att hjälpa mig själv. Mina egna ord blev en påminnelse om den jag var innan smärta och skador tog över. De kloka tankarna, de små stegen och de goda vanor jag en gång byggde upp fanns fortfarande där. Det var dags att hitta tillbaka.

Den här boken är inte bara min resa mot hälsa, den är också min väg tillbaka.
Den här boken handlar om modet att ta första steget, att börja om, att skapa nya vanor, och att hitta tillbaka till sin egen styrka, trots motgångar. Även om boken har legat gömd i flera år, hoppas jag nu att den kommer att inspirera dig, precis som den återinspirerade mig. Det handlar inte om att vara perfekt, utan om att våga ta steget och göra det bästa av den tid vi har.

Det här är inte bara en bok att läsa – det är ett verktyg för förändring. Den kräver att du reflekterar, gör aktiva val och tar steg framåt, även när tvivlet smyger sig på. Den påminner om att vi alla har kraften att förändra våra liv, även när vi inte tror på oss själva.
Min bok är här för att hjälpa dig och och även mig. Påminna oss alla om att vi alltid kan komma tillbaka, oavsett var vi står just nu.

Boken är skriven 2018

"Denna bok baseras inte på vetenskapliga studier, utan på mina egna erfarenheter och reflektioner som jag har samlat genom åren. Jag rekommenderar att du konsulterar en läkare eller annan kvalificerad rådgivare innan du vidtar några förändringar som kan påverka din hälsa, särskilt om du har några sjukdomar eller tar mediciner."

"Våra startpunkter i livet formas av de människor och miljöer vi föds in i. Men tänk att gränserna för dessa förutsättningar inte är fasta. Om du kan omforma inte bara din egen väg, utan också lämna avtryck på dem som vandrar vid din sida.

Tänk så här: varje gång du gör en förändring så sår du kanske ett frö hos någon annan. Men här är det kluriga, vi har en tendens att försöka övertala andra att följa just vårt sätt. Även om det är rätt för dig, är det kanske inte det bästa för någon annan. Om du istället har tålamod och låter andra hitta sin egen väg, men låtas inspireras så kommer de att lyssna när de är redo.

En sak är dock säker, om du vill ha bestående resultat, måste du börja med viljan. Vilja är den allra viktigaste egenskapen att träna på, och därför går jag in på det i detalj i kapitel 3: "Vilja".

Vad du kan förvänta dig av boken.

Den här boken handlar om att bryta gamla vanor, skapa nya vanor och förändra ditt beteende för att få saker att hända. Vi börjar enkelt, men efter varje sida du läser hittar du också möjligheter att fördjupa dig för att nå snabbare och mer effektiva resultat.

Min största önskan är att du ska börja skapa din egen framgång, så som du vill ha den, inte som andra tycker att du ska leva. Så ta en stund för dig själv, följ instruktionerna, gör övningarna i slutet av varje kapitel och kom ett steg närmare din egen succé.

Varför du kan lita på att detta fungerar

Jag är inte någon "expert" med fina titlar, men allt jag skriver om här i boken har jag själv testat. Det har resulterat i att jag har:

- Slutat snusa.
- Lagt om mina matvanor och slutat med socker.
- Gått ner 17 kg i vikt.
- Skapat nya, hållbara kvälls och morgonrutiner.
- Fått ett bättre förhållande med mina barn och min sambo, och mycket mer.

Jag har insett att små förändringar, med rätt inställning, kan leda till enorma resultat.

Redo att börja?

Det är dags att skapa det liv du vill ha och kanske inspirera andra att göra detsamma. Förändring börjar med handling och det första steget är ditt att ta. Nu kör vi!

Plats för reflektion:

Kapitel 2

VANOR

Vanor skapar framgång

Hur kan jag skapa mina egna vanor?

Det är ingen enkel process, men när vanan väl sitter kommer du att känna att det var värt all ansträngning. På vägen kommer du att möta utmaningar, både yttre hinder och din egen inre röst som försöker dra dig tillbaka till det gamla. Men det fina är att det går, och det börjar med ett beslut och ett starkt varför.

Låt oss börja med några exempel:

- Om du vill skapa en ny vana: "Jag ska börja dricka mer vatten varje dag".
- Om du vill bryta en vana: "Jag ska sluta äta godis."

Hur skapar eller bryter man en vana?

Det första steget är att förstå varför du vill göra en förändring. Det är något jag fördjupar mig i längre fram och något jag ser som väldigt fascinerande. Ditt varför är drivkraften som hjälper dig stå emot frestelser och hålla dig på rätt kurs när det blir svårt.

Låt oss nu säga att du vill börja dricka mer vatten varje dag. För mig var det ett sätt att välja ett hälsosammare alternativ och minska mitt intag av onyttiga drycker. Ditt varför kanske handlar om att förbättra din hälsa, öka din energi eller helt enkelt ta bättre hand om dig själv.

Att bryta en vana är en större utmaning

Att bryta en vana kan vara svårare, särskilt om den är djupt rotad. Här kommer *viljan och varför* in, något jag går igenom i detalj i kommande kapitel. Om en vana inte är helt etablerad kan det i bästa fall bara ta en dag att bryta den. Men om vanan är väl etablerad krävs det betydligt mer tid och ansträngning.

Tänk på en vana, som att borsta tänderna. Om du skulle hoppa över tandborstningen i två dagar skulle det kännas som att något saknas, eller hur? Känslan av att du glömt något är ett tecken på hur djupt vanan är inbäddad i ditt liv. Plus att konsekvensen i detta fall leder till obehag.

På samma sätt som att hoppa över tandborstningen kommer det att kännas ovant att sluta med en dålig vana, men det är inte omöjligt. Här är det *viljan och varför* som hjälper dig att hålla fast vid din plan.

Hur lång tid tar det att skapa eller bryta en vana?

Det finns många olika teorier om hur lång tid det tar att etablera en vana. Vissa säger 21 dagar andra 66 dagar. Vissa vanor kan säkert ta längre tid men det bara en finger visning på vad som kan krävas för att skapa/bryta en vana. Efter att ha undersökt detta själv tror jag att det krävs minst 21 dagar för att verkligen skapa en ny vana. Det är därför din *vilja* och ditt *varför* är så avgörande för att lyckas.

När det gäller att bryta en vana beror det på hur länge du har haft den. Ju längre du hållit på, desto starkare sitter den, och desto mer arbete krävs för att bryta den. Jag delar mina egna erfarenheter av att skapa och bryta vanor längre fram i boken.

En annan viktig faktor är din omgivning. Andra människor kan påverka dig, ibland har de åsikter utan att förstå vad du försöker åstadkomma. Om du exempelvis vill sluta med godis kanske någon säger, "Men det är ju så gott, ska du inte ha en bit?!"

Här är det avgörande att du står fast vid ditt *varför* och påminner dig själv om varför förändringen är viktig för dig.

Praktiska övningar

1. Skapa en ny vana:

Välj en vana som du vill ha i ditt liv. Till exempel: Om du inte tränar alls, börja med något enkelt som att gå ett varv runt kvarteret eller huset varje dag. Gör det i din egen takt och på dina villkor. Målet är att hålla i det i 21 dagar.

klä på dig och gå ut, oavsett väder. Det viktiga är att det är din utveckling, inte någon annans.

2. Bryt en gammal vana:

Om du vill sluta med något, som att snusa, äta socker eller vad du vill bryta för vana, kan det vara effektivt att börja med ett tillfälligt uppehåll, om du säger att du skall sluta så kommer det kännas jobbigare än om du har ett uppehåll, därför enligt mig är det bättre med uppehåll. Sätt ett mål för hur länge du ska hålla uppe, och när du nått det, sätt ett nytt mål. Efter ett tag blir målet att ha uppehåll för resten av livet. Ditt *varför* är avgörande här – till exempel: "Om jag slutar röka ökar jag chansen att få träffa mina barnbarnsbarn." Ett starkt *varför* gör hela skillnaden.

Din utmaning

- Skapa en ny vana: Välj något du vill börja göra och håll fast vid det i minst 21 dagar. Om du missar en dag, börja om från dag 1. Ingen genväg – du klarar det!
- Bryt en gammal vana: Bestäm vilken vana du vill bryta och gör ett tillfälligt uppehåll. Bygg successivt vidare tills du är fri från den.

När du klarat att nå ett mål, skicka gärna ett mejl till mig och berätta om din resa, jag är nyfiken på hur det gick för dig och hur många dagar det tog att nå ditt mål!
Mejl adressen finns på slutet

Plats för reflektion:

Vilken ny vana vill du sakpa:

Vilken vana vill du bryta:

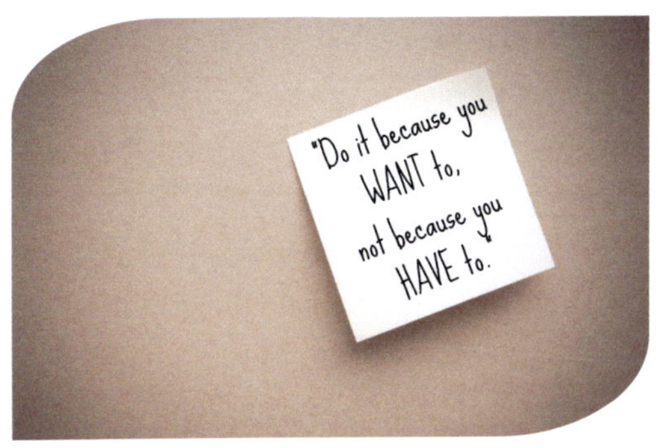

Kapitel 3

VILJA

Din egen vilja räknas.

Viljan är som nyckeln till framgång.

Om du verkligen vill nå dit du drömmer om, så handlar det om en enda sak, din vilja. Det kan kännas skrämmande att inse att det bara är du som har makten över detta, men det är också en otrolig möjlighet. Det är din vilja som driver dig framåt, inte någon annans.

Det är viktigt att förstå att inte alla i din omgivning kommer att förstå eller stötta dig i dina val. Vissa kanske till och med försöker få dig att återgå till gamla vanor.

Men det finns också människor som kommer att peppa dig och hjälpa dig att hålla fast vid dina mål. Sök upp de personerna och håll dem nära, särskilt under de första 21 dagarna när du etablerar en ny vana. När vanan har blivit en naturlig del av ditt liv, kommer det bli enklare att navigera även bland dem som inte förstår dina val.

Måste vs. Vilja – Varför orden spelar roll.

För att ta kontroll över ditt liv är det viktigt att förstå skillnaden mellan måste och vilja. Här är det dags att skifta ditt tankesätt.

Måste är ett ord som ofta signalerar tvång. "Jag måste göra det här. Jag måste göra så här." Det känns som en tyngd på axlarna och kan skapa onödig stress och ångest. Vi är redan omgivna av massor av måsten, så varför inte börja frigöra oss från dem?

Vilja, däremot, är ett ord som signalerar frihet och val. Det är något du själv väljer att göra för att det är viktigt för dig. Naturligtvis kan *vilja* också kännas negativt om du följer någon annans vilja, vilket i så fall bara blir ett annat sorts måste. Men när viljan är din egen, ger den dig styrka och motivation.

Så förvandlar du "måste" till "vilja"

Att ändra sitt språk från "måste" till "vilja" är en process, som med alla förändringar, så tar det tid, men det är fullt möjligt! Här är några exempel som kan hjälpa dig att förstå skillnaden och börja tänka annorlunda:

1. "Jag *måste* gå på toaletten."

Egentligen *vill* du gå på toaletten, annars blir det obekvämt eller rent av pinsamt. Det är ett val, inte ett tvång.

2. "Jag *måste* sova."

Faktum är att du *vill* sova för att vara pigg och orka med morgondagen. Tänk dig en natt innan en tidig semesterresa. Om du tänker "jag *måste* somna", blir det nästan omöjligt. Men om du tänker "jag *vill* somna för att vara pigg och njuta av min första semesterdag", känns det genast lättare.

3. "Jag *måste* betala mina räkningar."

Nej, du *vill* betala dina räkningar. Varför? För att du vill bo kvar i ditt hem, ha el till lamporna och kunna laga mat. Alternativet blir kanske att elen stängs eller att du blir hemlös. Det är förhoppningsvis inget du vill.
Därför *vill* du betala räkningarna.

4. "Jag *måste* äta."

Tänk om istället: "Jag *vill* äta för att må bra, ha energi och kunna prestera." När du ser mat som något du *vill* ha för att stärka dig, kan du också välja nyttigare alternativ som får dig att må ännu bättre.

5. "Jag *måste* borsta tänderna."

Eller hur? Nej, du *vill* borsta tänderna, för att behålla en fräsch andedräkt och undvika att tänderna ramlar ut!

Viljan skapar ett positivare tankemönster.

Kan du känna skillnaden mellan tvång och fri vilja? Att säga "jag vill" istället för "jag måste" förändrar inte bara din attityd till uppgiften, utan kan också minska stress och ångest i ditt liv.

Genom att tänka på vad du *vill*, snarare än vad du *måste*, kan du skapa en vardag där du känner dig mer fri, motiverad och i kontroll.

Och vet du vad? När du mår bättre, mår också människorna omkring dig bättre. Det här tankesättet hjälper inte bara dig själv, utan skapar en positiv kedjereaktion i din omgivning.

Övning: Förvandla ett *måste* till en *vilja.*

1. Välj ett "*måste*" i ditt liv som känns extra jobbigt.
2. Tänk på hur du kan omformulera det till något du *vill*.
3. Varje gång du märker att du tänker "*jag måste*", stanna upp. Byt ut det mot "*jag vill*" och känn efter hela vägen nerifrån tårna.

Upprepa detta dagligen, och med tiden kommer du märka hur din inställning förändras. Börja nu, det är dags att ta kontroll över ditt liv!

Plats för reflektion:

Välj ut ett MÅSTE i ditt liv:

Jag MÅSTE:

Ändra det till VILL

Jag VILL:

Använd det nu i vardagen och känn efter hur det känns.

Kapitel 4

VARFÖR

Varför ska du göra en förändring.

Varför är det absolut viktigaste.
Har du någon gång känt panik över att inte veta ditt *varför*? Eller är det första gången du hör talas om benämningen *varför*. Du är inte ensam. Att förstå varför du gör det du gör, varför du vill förändras eller sträva efter något stort, kan kännas som det svåraste att hitta. Jag vet hur det känns – jag har varit där själv.

Mitt *varför* för träning och hälsa hittade jag ganska snabbt. Jag har också ett litet *varför* kopplat till finansiell frihet, även om det ibland inte känns tillräckligt starkt.

Men det där riktigt stora *varför*, det som gör att man studsar upp ur sängen varje morgon och kastar sig in i dagen med glädje och självsäkerhet har jag kämpat med att hitta.

Många som har startat sina resor senare än jag har redan hittat sitt *varför*, medan jag fortfarande söker. Men det är helt okej. Att hitta sitt *varför* är en personlig resa – det kommer till dig när tiden är rätt. Försök inte jaga det, då riskerar det att kännas som ett *måste* istället för något meningsfullt. Låt det växa fram naturligt, och när det väl dyker upp kommer det kännas kraftfullt och ge dig en varm, tillfredsställande känsla varje gång du tänker på det.

Men först, vad är ett varför?

Ett *varför* är en stark intention, en riktning i livet som du brinner för att uppnå. Det är den där platsen i livet där du verkligen vill vara – något som du skulle göra nästan vad som helst för att få uppleva, känna eller uppnå.

Att ha ett starkt *varför* gör så att du orkar ta dig igenom motgångar, fortsätter när det känns tungt och hittar fokus när vardagen drar åt olika håll. Ditt *varför* blir som en inre kompass, något du hela tiden kan återvända till när motivationen svajar eller när du står inför svåra val.

Det hjälper dig att prioritera, säga ja till rätt saker och nej till det som bara stjäl din energi. När du vet varför du gör det du gör, blir det också lättare att hålla riktningen, även när vägen dit inte är spikrak.
Kanske viktigast av allt: ett starkt *varför* ger djupare mening åt det du gör. Det gör att även de små stegen framåt känns viktiga, för du vet vart du är på väg.

Varje dag bör du känna att det du gör tar dig ett steg närmare ditt *varför*. Om du ännu inte vet vad ditt stora *varför* är, börja med att sätta upp starka mål. Välj mål som känns så stora och betydelsefulla att du nästan blir nervös när du tänker på dem. Det är helt okej att börja där, ett tydligt mål kan hjälpa dig att gradvis närma dig ditt *varför*.

Kan ditt varför förändras?

Självklart kan det det. I början kanske du har ett *varför* för varje specifikt mål, men med tiden kommer du märka att många av dessa mål hänger ihop. När du börjar sträva mot ett och samma *varför*, när du känner att det genomsyrar flera aspekter av ditt liv. Det är som en magisk känsla att upptäcka sitt "mission" då har du hittat ditt *stora varför*.

Hur du stärker ditt varför

För att verkligen leva efter ditt *varför* behöver du ägna det tid och tanke. Här är några enkla steg:

1. Börja dagen med ditt *varför*.

När du vaknar är din hjärna som mest mottaglig. Ta några minuter för att tänka på ditt *varför* – vart du är på väg och varför det betyder så mycket för dig.

2. Tänk på det flera gånger om dagen.

Sätt av tid minst tre gånger om dagen för att reflektera över ditt *varför*. Visualisera det tydligt, och förstärk känslan av att du är på väg mot det.

3. Agera varje dag.
Tankens kraft är stark, men inget händer utan handling. Se till att varje dag ta små, konkreta steg mot ditt *varför*.

Övning 1: Hitta ditt *varför*
Om du har svårt att definiera ditt *varför*, börja med dessa frågor:

- Vad längtar jag efter?
- Vad vill jag göra?
- Vad vill jag uppleva?
- Vart vill jag befinna mig?
- Vad vill jag åstadkomma?
- Vad vill jag skapa?
- Vilka vill jag hjälpa?

Skriv ner minst tre svar på varje fråga.
Läs igenom listan och fundera över vad som känns mest meningsfullt för dig.

Använd dina sinnen när du målar upp ditt *varför*. Se det framför dig, känn det inom dig, hör hur det låter, föreställ dig hur det doftar och smakar. Ju tydligare och mer verkligt du gör ditt *varför*, desto enklare blir det att hålla fokus och motivation.

Övning 2: Sju varför.

Om du har en vän, familjemedlem eller någon du bor med som kan hjälpa dig att ställa sju jobbiga frågor ta den möjligheten. Börja med att fråga

-Vad är ditt varför?

Ditt svar!

-Varför?

Dit svar!

-Varför känner du så?

Ditt svar!

sedan fortsätt så tills du känner ditt *varför* ända in i hjärtat oftast 7 st varför frågor.

Dela ditt *varför* med andra

Ditt *varför* är inte bara en kraft för dig, det kommer också att påverka och inspirera andra. När du lever efter ditt *varför* blir du ett föredöme för de människor du möter, och du kan hjälpa dem att hitta sina egna vägar.

Om det finns något jag verkligen önskar, så är det att du delar den här insikten med någon annan. Ju tidigare vi börjar tänka i dessa banor, desto lättare blir det att skapa ett meningsfullt och framgångsrikt liv. Så ge dina barn eller människor i din närhet verktygen att hitta sitt *varför* redan nu – det kan förändra deras liv.

Med rätt *varför* finns inga gränser för vad du kan uppnå. Börja idag – för din skull och för alla andra du kommer inspirera i framtiden.

Plats för reflektion:

Börja spåna på ditt VARFÖR:

Kapitel 5

MÅL

Vad är ditt mål?
Varför är mål viktiga?

Mål är viktiga eftersom de ger oss en riktning. Utan mål är det som att försöka navigera i en främmande stad utan karta eller Gps. Tänk dig att du bestämmer dig för att gå raka vägen till en specifik butik som har en unik vara – den enda i hela världen.

Det dyker upp hinder på vägen, men eftersom du vet exakt vart du ska, kommer du att hitta fram ändå, eller hur? Min gissning är: Ja.

Men vad händer om du istället bara planlöst vandrar mellan slumpmässiga butiker för att hitta rätt butik? När hindren dyker upp då, hur sannolikt är det att du till slut hamnar i rätt butik? Troligen inte alls. Därför är tydliga mål avgörande, de håller oss fokuserade, även när det blir svårt.

Hur formulerar du ett mål?

Att sätta rätt mål handlar om mer än bara att tänka på vad du vill åstadkomma. Det handlar om att skriva ner det på ett sätt som motiverar dig att verkligen ta action. Här är några viktiga frågor att ställa till dig själv:

- Vad vill jag uppnå? Vad är det konkreta målet?
- Vilket resultat vill jag se? Hur kommer det att kännas eller se ut när jag når mitt mål?
- Varför vill jag nå det här målet? Vilken djupare mening finns bakom det?
- Vilka handlingar krävs? Vilka specifika steg behöver jag ta för att göra framsteg?
- Vad kommer jag få ut av det? Vilken belöning eller förändring väntar när målet är nått?
- Vad händer om jag inte uppnår mitt mål?

Exempel: Ett konkret mål

Låt oss säga att ditt mål är att gå ner 10 kg i vikt. För att göra det tydligt och motiverande behöver du sätta ett slutdatum. Exempelvis: ”Jag vill gå ner 10 kg på 8 månader.” Datumet är avgörande eftersom det ger dig en deadline och skapar en känsla av ansvar och fokus.

Skillnaden på Resultat och ett Varför

När du sätter mål är det viktigt att inkludera resultat men också ett varför kopplat till målet.

Jag ska förklara skillnaden:

Resultatet beskriver vad du vill uppnå rent konkret.

Exempel: *"Jag vill gå ner 10 kg för att få en slankare mage"*

Varför handlar om din djupaste motivation – känslan och syftet bakom målet.

Exempel: *"Jag vill gå ner i vikt för att må bättre, och orka leka med mina barn utan att bli andfådd, och för att mina knän ska sluta värka."*

Ditt *varför* måste vara starkt och personligt. Det ska ge dig en känsla av inspiration och driv varje gång du tänker på det. Skriv ner ditt varför och placera det där du ser det ofta, som på nattduksbordet eller i din dagliga planeringsbok.

Actions – dina steg till framgång.

Att ha ett mål och ett starkt *varför* räcker inte om du inte vet vilka steg du behöver ta för att komma framåt. Här är ett exempel på några första actions:

- Gå 2 km tre dagar i veckan.
- Undvik socker under vardagarna.
- Ät mer grönsaker vid varje måltid.

Dessa små handlingar fungerar som en karta som visar vägen mot ditt mål. Utan dem blir det alltför lätt att fastna i bekvämligheten av soffan och TV:n.

Fira och reflektera

När du når ditt mål, glöm inte att fira dina framgångar! Belöna dig själv på ett sätt som känns betydelsefullt för dig. Det kan vara allt från att köpa något du länge velat ha, till att unna dig en avkopplande helgresa eller bara ta ett långt, lyxigt bad.

Men det är också viktigt att planera framåt. Sätt upp nya mål innan du firar, så att du inte tappar fart och riskerar att glida tillbaka till gamla vanor. Målen kan vara att ta nästa steg på din resa, eller att underhålla det du redan har uppnått.

Mål kan finnas i alla delar av livet

Du kan sätta mål för allt – stort som smått. Det kan handla om att sluta med något du inte längre vill ha i ditt liv, eller börja med något som förbättrar din vardag. Det viktiga är att målen känns meningsfulla för dig.

Övning: Planera ditt mål

Ta ett mål som du har, och följ stegen nedan för att skapa en tydlig plan:

1. Mål: Vad vill du uppnå?
2. Datum: När ska det vara klart?
3. Resultat: Hur ser slutmålet ut? Vad förändras?
4. Varför: Vilket djupare syfte driver dig?
5. Actions: Vilka specifika steg tar du för att börja?
6. Belöning: Vad ska du ge dig själv när du lyckas?

När du har fyllt i planen, använd den som din guide. Läs igenom den ofta, och låt den påminna dig om varför du gör det här. När du ser framgångarna du skapar, kommer du inse hur kraftfullt det är att sätta mål och ta steg mot dem varje dag.

MÅL:

Belöning:

Datum

Resultat:

Varför:

Action:

1. ______________________________

2. ______________________________

3. ______________________________

Kapitel 6

FÖRÄNDRING

Förändra inte allt på en gång.

En regel för förändring.

När det gäller att förändra (skapa/bryta) vanor och sätta mål, gillar jag inte regler eller förbud som kan känns som måsten. Sådant gör det svårare att lyckas, eftersom det kan döda viljan och motivationen. Men det finns en regel jag ändå vill att du ska följa när du påbörjar din resa mot förändring:

"Förändra inte allt på en gång."

Om du försöker förändra för mycket samtidigt är risken stor att ingenting blir gjort.

Då rinner det mesta ut i sanden. Små, stegvisa förändringar är nyckeln till långsiktig framgång.

Varför ska du förändra ditt liv?

Om ditt liv känns helt perfekt, så gratulerar jag dig. Men ärligt talat, jag vill utmana dig att tänka om. Livet är en resa av ständig förbättring, och det finns alltid något vi kan utveckla – både stort och smått. Att förändra något i ditt liv handlar inte om att du inte duger, det handlar om potential, om att upptäcka vad mer som är möjligt för dig.

Vad behöver du ändra för att förbättra ditt liv?

För att göra verkliga förbättringar i ditt liv måste du först identifiera vad som verkligen behöver förändras. Här är ett enkelt sätt att komma igång:

1. Reflektera över dina problem

Vad i ditt liv känns som en belastning? Vad är det som dränerar dig eller hindrar dig från att må bra?

2. Identifiera en sak att förändra

Börja med den förändring som ger störst positiv effekt i ditt liv. Om du kan förbättra något som gör att du mår bättre, blir det lättare att ta tag i andra saker framöver.

3. Fokusera på en sak i taget

Små steg är kraftfulla. När du lyckas med en förändring skapas momentum som leder till fler framgångar.

En av mina egna resor- att sluta snusa

För dom flesta människor fungerar det att motivera sig själva med belöningar och positiva affirmationer. För vissa handlar det i stället om att undvika känslan av förbud, för mig har båda funkat. När jag slutade snusa tex, gjorde jag det genom att lura mig själv.

Jag gick runt med samma snusdosa i fickan i sex månader efter att jag "slutat." Det hjälpte mig att inte känna paniken över att aldrig mer få snusa. Jag visste att möjligheten fanns där, men jag valde att låta bli. Efter åtta år har jag fortfarande uppehåll.

Övning: Börja förändra något NU

Vill du testa att förändra en dålig vana som du vet är skadlig för dig? Då är det dags att agera direkt. Att dra ut på beslutet leder oftast till att det aldrig händer. Här är stegen:

1. Hitta något du vill sluta med eller förändra NU.

Det ska vara något du vet påverkar dig negativt.

2. Ge dig själv ett starkt varför.

Utan ett tydligt syfte blir det svårt att hålla motivationen uppe.

3. Sluta direkt – ingen nedtrappning.

Att trappa ned funkar sällan, eftersom det är alltför lätt att falla tillbaka i gamla vanor.

Reflektera genom att skriva två listor

För att verkligen förstärka din motivation och förstå konsekvenserna av ditt beteende, vill jag att du gör följande:

1. Lista 20 saker som händer när du slutar med den dåliga vanan.

- Hur kommer du må?
- Hur påverkar det din hälsa, energi och självkänsla?
- Hur förbättras relationerna med din familj och dina vänner?

2. Lista 20 saker som händer om du fortsätter med den dåliga vanan.

- Hur påverkar det din framtid?
- Hur påverkar det människorna omkring dig?
- Vilka negativa konsekvenser blir värre med tiden?

Ta dig tid att reflektera från olika perspektiv. Det handlar inte bara om hur det påverkar dig själv, utan även hur ditt beteende påverkar andra i din omgivning.

Små steg leder till stora framgångar

Att förändra en vana eller förbättra sitt liv handlar inte om att bli perfekt på en gång. Börja med en sak, ta små steg och fira dina framgångar längs vägen. Ju fler positiva förändringar du gör, desto mer kommer du inse att du är kapabel till att skapa ditt bästa liv – en förändring i taget.

Plats för reflektion:

20 positiva saker som händer om du slutar med din dåliga vana:

20 negativa saker som händer om du fortsätter med din dåliga vana:

Kapitel 7

TRÄNING & MAT

Det viktiga är att ta steget, inte hur du tar steget.

Innan vi börjar: Har du några hälsoproblem, rådfråga alltid din läkare innan du påbörjar en ny tränings eller kostplan. Det finns alltid något du kan göra, men du behöver rätt vägledning för din situation.

Det finns inga genvägar

När det gäller träning och mat finns inga magiska lösningar. Om du någon gång hittar ett sätt att förbättra kondition och hälsa utan ansträngning – hör gärna av dig! Fram tills dess handlar det om att skapa små, hållbara förändringar. Jag själv har tappat 17 kg och lyckats hålla vikten, även under perioder när träning uteblivit på grund av skador.

Träning och rätt mat är inte bara bra för din kropp – det är också ett kraftfullt verktyg för mental hälsa. Det finns ingen debatt här: hela du mår bättre av träning.

Tålamod är nyckeln till framgång

Din definition av träning spelar roll

Alla tränar på sitt sätt, och alla har olika förutsättningar. Det viktiga är att du gör något. Det behöver inte vara extremt eller avancerat; det är ditt engagemang som räknas.

- Börja med ett nåbart delmål som utmanar just dig.
- Om du aldrig tränat, sätt ett mål att gå 2 km utan att stanna.
- Är du redan van vid träning? Kanske sikta på att springa 1 mil.
- Jämför dig bara med dig själv. Det är din prestation som räknas, inte andras.

Om du redan tränar! - Fantastiskt! Fortsätt och utveckla nya mål och håll i din framgång.

Hitta ditt "varför" till träningen.

Det ska inte kännas som ett tvång att träna – det ska vara roligt. Ett tydligt varför hjälper dig att hålla igång.

- Kanske tränar du för att ha energi till att leka med dina barn.
- För att må bättre i dig själv, och få mer energi.
- Eller för att stärka din kropp och förebygga skador och sjukdomar.

När träning blir något du ser fram emot, snarare än ett måste, blir det lättare att göra det till en livsstil.

Maten: Nyckeln till hållbara resultat

Kost är lika viktig som träning, men min filosofi är enkel: Inga snabba lösningar eller strikta dieter.
Många går upp i vikt igen efter en snabb diet eftersom de belönar sig med ”lite extra” eller faller tillbaka i gamla vanor. Jag tror istället på små förändringar som du kan hålla på lång sikt:

- Ät mindre och nyttigare.
- Minska på socker och sötningsmedel.
- Skär ned på kolhydrater, men behåll balansen.

Det här handlar inte om förbud utan om att hitta en hållbar väg till ett hälsosamt liv.

Socker – vän eller fiende?

Många frågar:

- Ska jag sluta med godbiten till kaffet?
- Ska jag ta bort efterrätter och godis på lördagar?

Mitt svar är enkelt: JA, om du vill:

- Gå ner i vikt.
- Se piggare ut och få bättre hy.
- Minska risken för sjukdomar.

Jag är inte här för att diktera din livsstil, men jag vill dela hur jag själv gick från sockertroll till sockerfri. Det är svårt, men möjligt, och det ger resultat.

Kom igång med träningen – små steg räknas

Vill du börja träna men vet inte hur? Här är ett enkelt upplägg för att komma igång:

1. Små steg är nyckeln.

- Om du inte gjorde någonting igår, gör en armhävning idag.
- I morgon kan du göra två – det är redan en ökning med 100%!
- Gör det till en daglig vana.

2. Hitta din tid.

- Mellan tandborstningen och sängen? Perfekt!
- Använd tiden du redan har – kanske gör du benböj medan du borstar tänderna.

3. Kom ut och rör på dig.

- Börja med att gå ett varv runt kvarteret varje dag.
- När det känns lätt, ta två varv.

För den erfarne tränaren

Om du redan har en träningsrutin – grymt jobbat! Men utmana dig själv:

- Kör du bara styrketräning? Sätt upp ett löpmål.
- Är du löpare? Testa en annan träningsform, som yoga eller simning.

Var inte rädd för att kliva utanför din komfortzon – det är där du utvecklas.

Plats för reflektion:

Vilka små steg tar du för att lyckas:

Kapitel 8

Fira Framgångar

Vad firar du med när du har gjort något bra?

Fira alla framgångar – stora som små
Att fira dina framgångar är ett kraftfullt verktyg för att skapa positiva förändringar i livet. Men varför är det så viktigt? Här får du svaret, och några konkreta tips för att göra firandet till en del av din vardag.

Varför fira framgångar?

- *Hjärnan älskar uppskattning:* När du firar dina framgångar skickar du signaler till hjärnan att det du gjorde är något bra. Den positiva kopplingen gör att du vill göra det igen.
- *Överlista egot:* Ditt ego vill ofta hålla dig tillbaka, kanske genom att påminna dig om att det du gör är "onödigt" eller "inte tillräckligt stort." Genom att fira förstärker du istället känslan av att du kan och att det är värt det.
- *Motivera dig själv:* Ett litet firande kan vara avgörande för att du ska orka fortsätta. Det ger dig energi och hjälper dig se framsteg, även när målen känns långt borta.

Hur firar man sina framgångar?

Små framgångar:

- Knyt näven och säg ett högt och stolt "Yesssssss!"
- Ta några minuter för att verkligen känna stolthet över dig själv.
- Gör något enkelt och njutbart, som att ta en kopp kaffe på din favoritplats.

Stora framgångar:

- Gör något speciellt, som att laga en extra god middag eller boka en rolig aktivitet.
- Belöna dig med något du längtat efter, kanske en bok, ett plagg eller en upplevelse.
- Om du tycker om sociala firanden, dela din framgång med familj eller vänner.

Vad räknas som en framgång?

Allt du gör som leder dig framåt är en framgång. Det kan vara små vardagssaker eller större prestationer.

Ex:

Små framgångar att fira:

- Du vaknade i tid.
- Du gjorde din kvällsrutin.
- Du tog en promenad eller gjorde en armhävning.
- Det är måndag och du är igång!

Större framgångar att fira:

- Du nådde ett träningsmål.
- Du höll dig till en hälsosam vana hela veckan.
- Du klarade av en utmaning du tyckt var svår.

Konsten att känna firandet

När du firar är det viktigt att verkligen känna att du har gjort något bra. Stanna upp och låt stoltheten nå ända in i själen. Tänk:

- "Jag är en mästare på det här."
- "Jag är fantastisk för att jag klarade det här."

Ju starkare du känner det, desto mer kommer din hjärna vilja upprepa beteendet.

Övning: Fira dagligen

1. Fira något varje dag.

- Det kan vara så litet som att du borstade tänderna, tog en promenad, eller sa ”nej” till något onyttigt.

2. Ta i rejält.

- Inget halv mesigt! Knyt näven, säg högt och tydligt "Yessssss!"

3. Reflektera över varför du firar.

- Påminn dig själv varför det du gjorde är en framgång. Det stärker kopplingen mellan handling och belöning.

Slutsats: Lär dig att fira

Oavsett om det är stort eller smått – fira det! Gör firandet till en vana och se hur det stärker din motivation, självkänsla och glädje i livet. När du firar regelbundet kommer du upptäcka att framgångar blir både lättare och roligare att uppnå.

Plats för reflektion:

Skriv ner hur du tänker fira dina framgångar:

Kapitel 9

Min Väg

Det här är min väg inte din väg, hitta din.

Allt detta jag skriver i boken är mina åsikter och vi kan argumentera hit och dit. Jag kommer hänvisa till boken som är min referens, men min förhoppning är bara att den kan hjälpa många att hitta sina nya vanor som gör att dom når sin succé i livet.

Min resa mot hälsa och balans.

Den här boken är min berättelse, mina åsikter och min väg till ett hälsosammare liv. Det är också en guide till hur du kan hitta dina egna vanor och skapa din egen framgång. Jag hoppas att den här boken kan hjälpa dig, oavsett var du befinner dig, att inspireras utav och ta dina första steg mot ditt mål.

Utgångspunkten: Var börjar man?

Efter att ha levt livet i över 20 år med mycket alkohol, läsk, socker och skräpmat låg jag en dag på soffan efter min sista säsong uppe i Sälen och insåg att något behövde ändras. Jag vägde 95 kg och kände mig trött på livet jag levde. Men var skulle jag börja?

Några år tidigare hade jag sprungit ett par gånger och kom ihåg att jag gillade det. Jag började fundera på vart man börjar, hur blir jag insprerad till att ta första steget, ett lopp kanske?

En Majdag bestämde jag mig, jag skulle anmäla mig till Midnattsloppet. Ett mysigt lopp som jag en gång såg en gång efter en moules frites på söder.

När jag berättade för min sambo att jag hade anmält mig, var hennes kommentar:

– Skämtar du? Du har ju inte sprungit en meter på flera år! Hur tänkte du nu?

Mitt svar var enkelt:

– Det är ju bara en mil, hur svårt kan det vara?

Mina första steg

De första träningspassen var rena plågan. Jag tog ut mig till vansinne. Mitt mål var ju att springa en mil om lite mer än tre månader, så jag tänkte att det bara var att köra på – fel! Jag hade ingen plan för hur jag skulle nå mitt mål.

Till en början sprang jag ungefär en kilometer. Mitt delmål blev att springa lite längre varje gång, och snart klarade jag tre kilometer. Efter några veckor kunde jag springa hela sträckan utan att stanna.

När loppet kom var jag nervös men beslutsam. Och ja, jag sprang hela milen under en timme! Yesss!

Men vikten då?
Trots att jag hade löptränat i flera månader hände inte mycket med min vikt. Jag låg kvar på mina 95 kg.

Men jag hade mitt VARFÖR: Jag ville kunna leka med mina barn utan att känna mig begränsad.
Jag började testa olika dieter. 5:2-metoden funkade inte – jag älskar att äta varje dag. LCHF gav mig två kilo extra på vågen (man fick ju äta ost, och för mig är ost = kärlek). Då insåg jag att jag behövde hitta en annan väg.

Socker: Min största fiende

En novemberdag såg jag och min sambo "Sockerfilmen" på SVT Play. Den förändrade allt. Efter att ha sett den bestämde jag mig: Jag skulle sluta med socker. Utmaningen var enorm. Jag hade jobbat i restaurang hela mitt liv, och läsk och skräpmat var standard. Jag drack minst två liter läsk per dag, och min dotter och jag kunde dela en 2l flaska en vardagskväll. Vi var fast i sockerträsket.

Jag drog ett tydligt streck, inget mer än 5 gram socker per 100 gram. Allt som innehöll fruktsocker åkte också bort.
Juice? Nej.
Frukt? Nej.
Läsk? Glöm det.
Godis? Absolut inte

Abstinensen var galen, men jag höll ut. Mitt första mål var tre månader utan socker, och jag klarade det, efter det så satte jag ett nytt mål det blev 3 månader till, det blev bara lättare och lättare att hålla sig undan sockret och kilona bara försvann.

Att förändra familjens vanor

Att sluta med socker påverkade inte bara mig utan också min familj. Vi hade tidigare köpt ett kilo godis varje lördag, men nu köper vi tio bitar, och barnen är nöjda. Idag, om de vill ha något sött, ber de ofta om frukt istället, och vi dricker aldrig läsk. Det är en fantastisk känsla att veta att mina barn lever ett hälsosammare liv tack vare de förändringar jag gjorde.

Nya mål och nya utmaningar

När jag hade gått ner sex kilo började jag löpträna igen och satte upp nya mål. Jag sprang lopp, satte personliga rekord, och även om jag ibland slappnade av för mycket, återvände jag alltid till träningen. En svensk klassiker blev nästa stora mål. Vätternrundan, Vansbrosimningen, Lidingöloppet och slutligen Vasaloppet – jag tog mig igenom allt, även när det var som tuffast.

Sockrets effekter och insikter

Jag märkte snabbt hur mycket bättre jag mådde utan socker. Min hälsa förbättrades, och jag var piggare än någonsin. Jag insåg också att jag inte behövde följa en strikt diet för att hålla vikten. Genom att fortsätta äta balanserat, undvika socker och träna regelbundet kunde jag ligga kvar under 80 kg – även utan att träna hårt hela tiden.

Målsättning och beslutsamhet

Mitt stora mål var att nå 78 kg, efter att ha ändrat mina matvanor med ute luncher varje dag och i stället börjat ta med mig matlåda till jobbet, nådde jag äntligen målet. Yesss! Det var en otrolig känsla att veta att jag klarat det. Men så kom en skada som gjorde att jag inte kunde springa mitt planerade maraton innan jag fyllde 40. Även om det var en besvikelse, lärde jag mig att målen inte försvinner – de kan alltid skjutas upp och nås senare.

Vad jag har lärt mig

1. Ha ett tydligt "varför": Mitt varför var mina barn. Det gav mig motivationen att förändra.
2. Sluta med socker: Det var nyckeln till min framgång och gjorde mig både friskare och piggare.
3. Fira framgångar: Varje steg på vägen, från att springa en kilometer till att klara en svensk klassiker, firades. Det gav mig energi att fortsätta.
4. Hållbarhet är nyckeln: Jag hittade en livsstil som fungerade för mig, istället för att hoppa från diet till diet.

Tacksamhet

Jag vill tacka alla som har stöttat mig på den här resan: mina barn för er kärlek, min mamma och pappa och alla andra som som varit inspiration till mig under alla år. Framför allt ett stort tack min underbara Emily, du står alltid vid min sida, även när jag tar konstiga beslut, och det betyder allt. Tack, tack, tack!
Ett extra stort tack till er som läste boken först av alla och gav mig positiv feedback så jag vågade publicera.

Plats för reflektion:

Lista 10 saker du är som mest tacksam över just nu:

1. ______________________________

2. ______________________________

3. ______________________________

4. ______________________________

5. ______________________________

6. ______________________________

7. ______________________________

8. ______________________________

9. ______________________________

10. ______________________________

Slutord

Den här resan har inte bara handlat om att gå ner i vikt. Det har handlat om att bli en bättre version av mig själv, både för mig och för min familj. Jag hoppas att min berättelse kan inspirera dig att hitta dina mål, dina vanor och din egen väg till ett hälsosammare och rikare liv. Om jag kan göra det – så kan du också.

Yessss!

Så tacksam för att du har valt att köpa
och förhoppningsvis läst boken
Du är bäst!
Tack

Lycka till!
Gör ditt bästa
/ Oskar

Mail: vanorcoachen@gmail.com
Hitta tillhörande ifyllningsbar pdf via min Instagram
Instagram: @VanorCoachen

© 2025 Oskar Hansson
Förlag: BoD · Books on Demand,
Östermalmstorg 1, 114 42 Stockholm, bod@bod.se
Tryck: Libri Plureos GmbH, Friedensallee 273,
22763 Hamburg, Tyskland
ISBN: 978-91-8097-032-7